LOUIS VACHERON

SOUVENIRS HISTORIQUES ET POLITIQUES

Une grande Famille du Bourbonnais

DEUXIÈME ET DERNIÈRE PARTIE

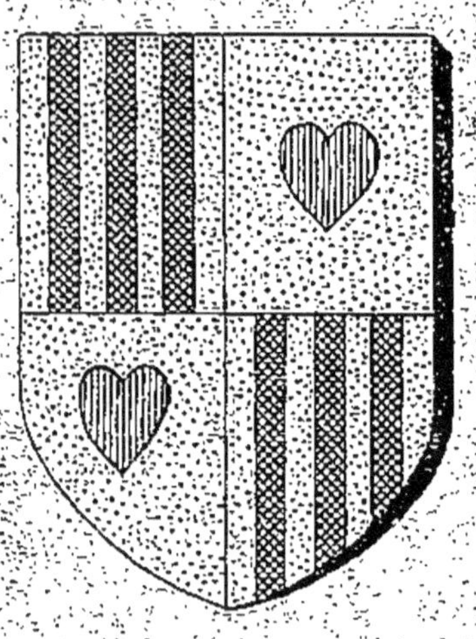

PARIS

ALPHONSE LEMERRE, ÉDITEUR

23-31, PASSAGE CHOISEUL, 23-31

M DCCCCI

Une grande Famille du Bourbonnais

(Destutt de Tracy.)

1892

LOUIS VACHERON

SOUVENIRS HISTORIQUES ET POLITIQUES

Une grande Famille du Bourbonnais

DEUXIÈME ET DERNIÈRE PARTIE

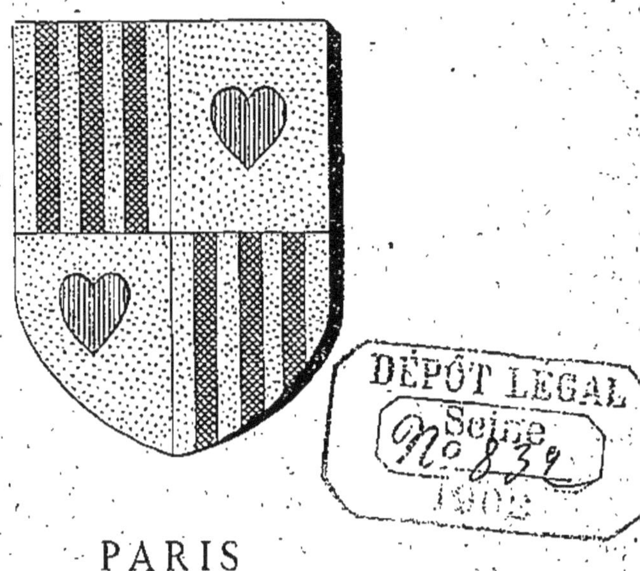

PARIS

ALPHONSE LEMERRE, ÉDITEUR

23-31, PASSAGE CHOISEUL, 23-31

M DCCCCI

ANTOINE DE TRACY

ANTOINE DE TRACY

I

« Un grand philosophe, le dernier d'une génération de grands philosophes, est à peine couché dans la tombe, et me voici appelé à dire ma pensée sur cette époque immense et son digne représentant. »

Ainsi s'exprimait M. Guizot, qui n'était pas un flatteur, à la séance du 22 décembre 1836 de l'Académie Française où il vint se placer sur le fauteuil qu'avait occupé M. de Tracy.

*
* *

Antoine-Louis-Claude Destutt de Tracy,

naquit à Paray-le-Fresil, dans le Bourbonnais, le 20 juillet 1754. Il était le neveu de Bernard Destutt de Tracy, dont nous avons parlé l'an dernier.

Son père, comme la plupart de ses ancêtres, avait suivi la carrière des armes, et dans la guerre de la succession d'Autriche il commandait la gendarmerie du roi à la bataille de Minden.

Dans cette journée si funeste pour nos armes, voyant la victoire se déclarer pour l'armée du duc de Brunswick, il chargea celle-ci à la tête du corps d'élite qu'il commandait. Mais il tomba bientôt percé de plusieurs balles. Enseveli sous un monceau de cadavres, il y fut découvert par un serviteur fidèle, qui le transporta au camp sur ses épaules. Rappelé à la vie, il succomba bientôt aux blessures dont il était couvert. Il vit apparaître la mort avec la fermeté d'un soldat, et s'adressant à son fils :

« N'est-ce pas, lui dit-il, que cela ne te fait pas peur, et ne te dégoûtera pas du métier de ton père ! »

L'enfant qui ne pouvait prévoir sa destinée, et qui était rempli d'émotion, pleura et promit, et son père mourut plus content.

Sa mère se voua immédiatement à son éducation. Mme de Tracy était une personne grave, ayant les instincts les plus nobles, l'esprit cultivé, les goûts délicats, une grande noblesse de manières. Jeune encore, belle et riche, sa main fut recherchée; mais elle préféra rester veuve afin de se dévouer plus complètement à son enfant. Elle vint à Paris, afin de procurer à son fils, sous la direction d'un gouverneur habile, toute l'éducation qui pouvait le rendre un homme.

Le jeune de Tracy reçut de sa mère des sentiments exquis, et fit d'excellentes études classiques. Il alla ensuite les compléter à l'École de Strasbourg où il devint un jeune homme accompli. Il excella dans tout ce qu'il apprenait. Personne ne nageait mieux que lui, ne maniait mieux un cheval, ne faisait plus habilement des armes, ne nageait plus intrépidement, ne tirait le fusil avec plus de justesse, ne dansait avec plus de grâce. Le futur philosophe inventa même une contredanse qui a très longtemps porté son nom.

En quittant l'École de Strasbourg, M. de Tracy entra parmi les mousquetaires de la maison du roi ; à l'âge de vingt deux ans, il devint colonel en second du régiment royal de cavalerie.

Chaque année, il partageait son temps entre sa garnison, sa mère et ses grands-parents qui vivaient encore et habitaient le château de Paray-le-Fresil.

Mais il arriva que son esprit prit une autre direction. Il s'était passionné pour ces idées nouvelles qui avaient pénétré dans toutes les têtes, jusque dans l'Église. Enhardi par son enthousiasme, il alla jusqu'à faire le voyage de Fernay pour voir Voltaire.

Étant devenu, après la mort de son grand-père comte de Tracy, seigneur de Paray-le-Fresil, et possesseur d'une fortune considérable, il épousa Mlle Dufort de Civrac, proche parente du duc de Penthièvre, dont nous parlerons bientôt, et qui mit M. de Tracy à la tête du régiment qui portait son nom.

Il avait trente-cinq ans, lorsque éclata la Révolution. Attaché au Bourbonnais, il prit une part active à la réunion des États, et fut nommé le 24 janvier 1789 l'un des trois députés aux États Généraux.

Dès que l'Assemblée Nationale commença ses travaux, il alla s'asseoir du même côté que La Fayette, auquel des liens de famille allaient bientôt le rattacher.

L'existence de La Fayette ayant été mêlée à celle de M. de Tracy, peut-être n'est-il pas inutile de rappeler quelques épisodes de sa vie politique.

Tout le monde connaît le succès de sa campagne d'Amérique.

Après avoir apporté aux planteurs américains, qui depuis ont étonné le monde par leur reconnaissance envers notre pays, son épée et sa fortune, il revint en France et fut envoyé à l'Assemblée Nationale par la noblesse d'Auvergne.

Il avait un pressentiment de l'aveuglement de la royauté et de la violence des foules, et lorqu'il entra à l'Assemblée, on l'entendit s'écrier : « Puisse cette révolution servir de leçon aux oppresseurs et d'exemple aux oppressés. »

Souvent, comme chef de la garde nationale, il essaya de sauver la monarchie : mais le roi ne voulut rien entendre et la hautaine* Marie-An-

* Cette moue orgueilleuse et rouge de poupée
C'est elle qu'eut en France une tête coupée.

L'Aiglon, de M. Rostand, acte III, page 148.

toinette qui le haïssait, excitait continuellement le roi contre lui. Seule, Mme Adélaïde, tante du roi, ne rougissait pas de se fier en lui. Le lendemain des 5 et 6 octobre 90, elle se jeta même dans ses bras en lui disant : « Général, vous avez sauvé la vie du Roi et de la Reine. »

Le trône s'écroulait au 10 août et La Fayette, qui venait de tenter un nouveau mais inutile effort auprès du roi, ne voulut pas non plus céder aux passions qui emportaient l'Assemblée Législative. Décrété d'accusation par le parti triomphant qui voulait la chute de la royauté, il se vit réduit à quitter la France, ne voulant pas que la Révolution fût souillée par sa mort. La veille de son départ, il prévint M. de Tracy de sa résolution. Elle était trop légitime pour que son ami la désapprouvât ; mais il ne crut pas devoir s'y associer. Alors ces deux nobles amis se séparèrent ; l'un franchit la frontière pour être jeté ensuite par l'Étranger dans les cachots d'Olmütz, l'autre resta à Paris, l'âme attristée, mais résolu à traverser l'orage politique qui s'amoncelait.

* * *

Le nom du duc de Penthièvre que nous venons de prononcer n'est pas tombé dans l'oubli. Il était le dernier des héritiers des fils légitimés de Louis XIV. Après s'être vaillamment battu à Fontenoy, il épousa Marie-Félicité d'Este dont il eut six enfants. L'un de ses fils épousa Louise de Savoie-Carignan, princesse de Lamballe. On connaît la fin tragique de cette malheureuse femme : après le 10 août, alors que la monarchie était perdue, Mme de Lamballe fut arrêtée et conduite à la maison de la Force. Le 3 septembre, au matin, brutalement réveillée, elle descendit, à peine vêtue, rudement soutenue par deux hommes à mine farouche, l'escalier ténébreux qui menait à ce tribunal improvisé où cinq bourreaux, déguisés en juges, dont l'Histoire a conservé les noms : Lhuillier, Hébert, rédacteur du Père Duchesne, Monneuse et Dangers, comptaient, mais ne jugeaient pas leurs victimes. Mme de Lamballe s'évanouit de surprise et d'horreur, à la vue de ce sombre corridor, de ces hommes ivres et sanglants et qui répondaient par les cris : « la Lamballe, mort à la Lamballe », aux cris des malheureux qu'on achevait dans la rue.

« Jurez, lui dit le Président, la Liberté, la Fraternité, la haine du Roi, de la Reine et de la Royauté.. »

« Je jurerais facilement les deux premiers, *je ne puis jurer le dernier qui n'est pas dans mon cœur.* »

« Jurez donc », lui dit un des assistants, que M. de Penthièvre avait envoyé pour la sauver, et qui veillait sur elle. Malheureusement, moins énergique ou n'ayant pas la présence d'esprit de Mlle de Sombreuil, elle ne répondit rien.

« Qu'on élargisse Madame, » dit le Président. C'était la sentence de mort. Vainement la même personne qu'avait envoyée M. de Penthièvre lui dit tout bas de crier : « Vive la Nation. »

La malheureuse qui marchait sur des tas de cadavres, ne put que pousser un cri : « Quelle horreur, » dit-elle en chancelant. « Mort à la protégée du duc de Penthièvre, » hurlaient les assassins.

En même temps, l'un d'eux déchargea sur la tête de la princesse un coup de bûche qui l'étendit à ses pieds, sur une pile de cadavres. Un garçon boucher lui coupa la tête, cette tête charmante, et la porta triomphalement chez un marchand de vins ; on dépeça son corps qui fut mis au bout d'un sabre et promené à travers Paris.

A chaque moment quelque barbare inventait un nouvel affront ou un nouveau raffinement, pour prolonger au delà de la mort même, un supplice trop court à son gré. Les monstres épongeaient avec un ironique sang-froid, pour en faire ressortir la blancheur, le sang ruisselant de ce beau corps déchiré.

Le dévouement de Mme de Lamballe, dévouement jusqu'à la mort, pour la royauté, inspirera toujours la plus profonde pitié.

* * *

Au moment où La Fayette fuyait à l'Étranger, et où M. de Tracy se décidait à ne pas quitter Paris, sa famille était dispersée. Sa mère, sa femme, ses trois enfants s'étaient rendus à Auteuil. Il vint les rejoindre, et avec eux il trouva Mme Helvetius, Cabanis, Condorcet et d'autres amis. C'est là qu'au milieu des champs, il détourna la vue du théâtre lugubre des événements, et donna à sa vie un cours tout nouveau.

Nous n'essaierons pas de suivre cet éminent esprit qui, après s'être longtemps ignoré, allait devenir le rival de Locke et de Condillac.

« L'étude de la Nature, dit-il, attire tous mes regards. Elle a pour moi le mérite d'apprendre à oublier l'histoire des hommes. Buffon l'ayant embrassée dans toutes ses époques, et dans toutes ses œuvres, je l'ai pris pour guide. »

Il passe de l'étude de l'histoire naturelle à

l'étude de la chimie, et les belles découvertes de Lavoisier, qui devint son second maître, le saisirent d'admiration.

Après avoir recherché les lois de la Nature avec Buffon, et celles de la Chimie avec Lavoisier, il rechercha les lois de l'Intelligence et il prit pour ses derniers maîtres Locke et Condillac.

Il y avait un peu plus d'un an qu'il s'était retiré à Auteuil, lorsqu'il fut violemment arraché à ses travaux. Arrêté en pleine Terreur, il fut conduit à Paris et enfermé à la prison de l'Abbaye.

Il y était depuis peu de temps, lorsqu'il vit introduire un prisonnier qui, à peine entré tira d'un portefeuille une écritoire, une plume et de volumineux papiers, avec autant de calme que s'il avait été dans son cabinet et seul. Ce prisonnier était M. Jollivet, qui depuis fut conseiller d'État sous l'Empire. M. de Tracy fut attiré vers lui, et dès lors la conformité d'une vie studieuse l'unit à M. Jollivet. C'est là que M. de Tracy poursuivit les travaux qui devaient illustrer son nom. Dès ce jour, il cessa d'être un disciple pour monter au rang des maîtres. Le

5 thermidor 1794, M. de Tracy avait résolu des problèmes échappés à Locke et à Condillac, lorsque se fit entendre dans le corridor de la prison l'appel de quarante-cinq prisonniers qui devaient être traduits devant le tribunal révolutionnaire. M. de Tracy ne s'interrompit pas un instant dans son travail. Son tour d'être jugé était fixé au 11 thermidor, lorsque le 9 de ce mois resté fameux, ceux qui avaient tant proscrit furent proscrits à leur tour, et expièrent par le sang tout le sang qu'ils avaient versé. L'espérance rentra dans les prisons, dont cependant les portes ne s'ouvrirent pour M. de Tracy que plusieurs mois après. Il put alors revoir sa chère retraite d'Auteuil où il acheva les travaux commencés.

Par l'amitié de Cabanis, il obtint d'être associé, comme membre libre, à l'Institut national.

Attaché quelque temps après à la section des sciences morales et politiques, il offrit à cette noble compagnie une suite de beaux mémoires, qui eurent un profond retentissement. Ce travail reçut de lui un nom resté bien connu : *Idéologie*.

Un an après, il resserra les liens d'une ancienne amitié, en mariant sa fille aînée au fils du général de La Fayette, et l'intimité des deux familles s'ajouta à la conformité des sentiments entre ces deux hommes, qui avaient tous deux le même culte pour la Liberté.

Toujours établi dans le lieu charmant qu'il avait choisi pour sa retraite, M. de Tracy était l'un des membres les plus assidus et les plus remarqués de cette Société d'Auteuil, où se réunissaient chez Mme Helvetius, les hommes les plus célèbres de cette époque.

La maison qu'habitait Mme Helvetius était très modeste. Bonaparte à son retour d'Égypte était venu lui faire visite, et comme il s'étonnait du peu d'étendue de son petit jardin : « Vous ne savez pas, général, lui dit la veuve du philosophe, combien on peut trouver de bonheur dans trois arpents de terre. » On dit que Turgot et Franklin voulurent l'épouser.

Un des hommes qui ont le plus illustré notre pays, Condorcet, fréquentait aussi chez Mme Helvetius. On sait que séduit par la beauté, les charmes et la solidité d'esprit de Mlle de Grouchy, sœur du soldat qui devait être maréchal de l'Empire, il demanda sa main et l'obtint.

Mme Condorcet s'associa complètement aux principes politiques de son mari. A l'époque de la Terreur, Condorcet, député à la Convention, devint l'objet de la haine des révolutionnaires, parce qu'il voulait empêcher l'envahissement de l'anarchie. Décrété d'accusation, il fut obligé de chercher un asile secret. Mais il prévoyait qu'il serait bientôt séparé de sa femme et de sa fille.

« Crois-tu, » disait-il, dans les vers qu'il lui adressait :

« *Crois-tu que notre enfant puisse encor retenir*
De son père proscrit un faible souvenir,
Que son cœur de mes traits en garde quelque chose?
Dis-lui que je l'aimais. »

Enfin, craignant d'exposer l'amie qui le cachait à la mort décrétée contre ceux qui donneraient asile aux proscrits, il résolut de quitter sa cachette. Il s'enfuit à travers les champs, et finit par être découvert et arrêté à Bourg-la-Reine. Le lendemain on le trouva empoisonné avec un poison que lui avait donné son beau-frère Cabanis.

C'est ce même poison, dit-on, que Napoléon

voulut prendre le jour de son abdication à Fontainebleau.

Vergniaud, l'éloquent orateur de la Gironde, portait aussi sur lui ce subtil poison qu'il tenait également de Cabanis; mais il le jeta au moment de mourir, « voulant, s'écria-t-il, mourir avec ses amis, et comme ses amis ».

* * *

En 1804, M. de Tracy mit la main à son dernier ouvrage qui contenait toute sa politique et qu'il intitula : *Commentaire sur l'Esprit des Lois*. Ce livre, écrit avec une rare vigueur, est généralement considéré comme ayant les mérites les plus élevés. En 1814, le vieux et aimable Dupont de Nemours ayant connu, par hasard, la traduction anglaise du *Commentaire de l'Esprit des Lois,* le lut avec enthousiasme. Il alla voir M. de Tracy, lui annonça sa découverte, et lui recommanda la lecture de l'ouvrage qui l'avait émerveillé. M. de Tracy ne répondit pas, et se contenta de dire que sa vue affaiblie ne lui permettait pas de le lire. Peu de temps après, Dupont de Némours, dont l'admiration ne se calmait pas, lui confia que ce livre lui paraissait si beau qu'il en avait commencé la traduction. M. de Tracy ne crut pas devoir garder plus longtemps le secret. Il se leva, ouvrit un tiroir et présenta le manuscrit du commentaire à Dupont de Nemours qui rit beaucoup, et renonça comme de raison, à sa traduction.

L'année 1808 fut fatale à M. de Tracy. Il perdit à peu de distance l'un de l'autre ses deux attachements les plus doux et les plus profonds. Il fut privé d'une amitié ancienne et chère, et une fin prématurée lui enleva Cabanis auquel l'unissait l'affection la plus vive et de communes opinions.

Dès lors ce stoïcien impassible délaissa ses travaux, et aux personnes qui lui parlaient des événements extérieurs, et du mouvement social et intellectuel qui retentissaient, il répondait : « Je ne suis plus de ce monde, ce qui s'y passe ne me regarde pas. »

Cependant l'Académie Française, par une attention délicate, voulut que celui des deux amis qui survivrait à l'autre (il s'agissait de Cabanis) succédât à l'autre et vînt le louer au milieu d'elle.

A partir de ce moment M. de Tracy se borna au strict accomplissement de ses devoirs.

En devenant vieux, M. de Tracy était tombé dans une profonde tristesse. Au souvenir douloureux de ses plus chères amitiés perdues s'était jointe une terrible infirmité. Depuis plusieurs années il n'y voyait presque plus, et sa seule distraction était de se faire lire Voltaire. Il le savait par cœur et l'appelait le héros de la raison humaine.

Peu à peu il déclina et, entouré de soins et des tendres respects de ses enfants, il vit approcher sa fin avec un regard tranquille.

Les sentiments de M. de Tracy étaient droits, et il cachait un cœur passionné sous des dehors calmes. Il avait dans sa jeunesse un cœur bouillant et téméraire qui était devenu plus froid dans un âge avancé sans devenir plus circonspect. Atteint de la cataracte, après un an de complète cécité, il partait, un matin, de la rue d'Anjou Saint-Honoré sans prévenir personne. Il se rendit en face de l'Arsenal où demeurait le célèbre oculiste Wenzel, se fit opérer, mit un bandeau sur ses yeux, ses cristallins enlevés dans sa poche, et retourna aussi tranquillement chez lui que s'il venait d'une promenade ou d'une visite. Cette opération, subie avec aussi peu de ménagements, ne lui avait pas rendu complètement la vue, et on pouvait voir un vieillard vêtu de noir constamment en bas de soie, le visage surmonté d'un abat-jour, une longue canne à la main, marchant d'un pas assez ferme.

M. de Tracy vivait avec une austère simplicité. Il faisait le plus noble usage de sa fortune. Pour citer un exemple des personnes qu'il obligeait on raconte qu'en 1808, lorsque éclata la guerre entre la France et la Prusse, un membre de l'Académie Française, M. Bitaubé, perdit une pension de deux mille francs qui lui était payée depuis Frédéric II. C'était toute son existence. M. de Tracy en fut informé. « Mon cher confrère, lui dit-il, je sais que votre pension est en ce moment suspendue. Obligez-moi de me prendre pour votre banquier pendant toute la durée de la guerre. » Cette offre, faite avec cordialité, fut acceptée avec reconnaissance, et personne n'en aurait rien su si M. Bitaubé n'en avait parlé lui-même.

Un de nos éminents contemporains, M. de Lasteyrie, président de l'Académie des Inscriptions et Belles-Lettres, disait tout récemment, à propos du cinquantenaire de M. Wallon comme académicien : « Tous savent que si vous avez cédé un peu aux sollicitations de cette fée dangereuse qui a perdu tant d'hommes, et qu'on appelle la politique, vous avez eu l'art d'échapper à l'esclavage qu'elle fait d'habitude peser sur ses victimes. »

Avant M. Wallon, M. de Tracy avait été séduit par la fée dangereuse ; mais il s'en affranchit bientôt, et put donner l'essor à ses hautes et puissantes facultés.

VICTOR DE TRACY

VICTOR DE TRACY

César-Victor-Charles Destut de Tracy, fils d'Antoine de Tracy dont nous venons de parler naquit à Paris le 9 septembre 1781.

Il fut élevé avec un soin particulier par son père qui, en lui donnant pour professeurs Monge et Berthelot imprima de bonne heure à ses idées un cours des plus élevés.

Sorti de l'École Polytechnique, il fit les guerres de l'Empire et, revenu en France, il épousa Sarah Newton, veuve du colonel Le Tort.

En 1822, élu député de Moulins, il prit place à l'extrême-gauche, à côté de Georges de La Fayette qui avait épousé sa sœur.

« Notre génération, dit M. Cuvillier-Fleury, a vu souvent M. Victor de Tracy à la tribune, il était orateur et maniait la parole avec facilité, ayant une sincérité et une surabondance de conviction qui emportait son langage. »

Il ne cessa de lutter pour toutes les libertés. Quoique fils de pair il vota contre l'hérédité de la pairie, et prit souvent la parole en faveur des réfugiés politiques, de l'émancipation des esclaves et de la liberté de l'enseignement.

Avant tout il était indépendant, et M. Guizot qui l'eut souvent comme adversaire reconnaît dans ses mémoires « qu'il eut le courage de défendre les conventions de 1831 et 1833 comme indispensables à la répression de la traite des nègres. »

Ministre après l'élection du 10 décembre, il eut la satisfaction de voir abolir l'esclavage dans les colonies et supprimer l'échafaud politique.

Éprouvant, comme son père, des sentiments de désillusion (car ni la monarchie de Juillet ni l'empire ne l'avaient séduit) M. de Tracy rentra dans la vie privée et il se retira dans sa terre de Paray où il s'occupa avec grand succès d'améliorations agricoles. Il voulait attirer vers la vie rurale tout homme qui « après une vie agitée, désenchantée par le malheur, sent le besoin de se recueillir dans une retraite tempérée mais nullement oisive, mais au contraire constamment vivifiée par d'utiles et intéressantes occupations. »

Mu par cette idée il écrivit des lettres sur l'agriculture qui, parues en 1861, obtinrent un grand succès.

« Lecteur impartial et équitable, écrivait-il, c'est à vous que je m'adresse. Vous entendez dire que tout propriétaire faisant valoir perd de l'argent; que s'il persévère c'est par amour-propre en continuant de faire la guerre à ses dépens; ce sont propos de gens routiniers, n'y croyez pas. »

Un jour, M. Victor de Tracy racontait à un de ses amis un rêve qu'il avait fait : il se voyait, tout à coup, riche d'une vingtaine de millions. Une pareille fortune lui donnait-elle l'idée de se faire bâtir un hôtel magnifique, ou quelque château à la porte de Paris? « Non, disait-il, je me serais tout simplement passé la fantaisie de métamorphoser un canton tout entier, mais un canton bien pauvre, bien malheureux, bien arriéré, tel était mon rêve. »

M. de Tracy écrivait ces lettres en 1847. Quand il est mort, dix-sept ans plus tard, son rêve était en partie réalisé. Les millions, il ne les avait empruntés à personne, il les avait demandés à la terre remuée de ses mains, renouvelée et fécondée par son travail opiniâtre.

Nous avons parcouru ces lettres sur l'agriculture dont la partie technique nous entraînerait trop loin. Pour donner une idée de la passion de M. de Tracy pour l'agriculture, on nous permettra d'en détacher cette page :

« Sous le règne du roi Henri et l'administration de Sully, son ministre et son ami, l'agriculture fut vraiment protégée et honorée, et cela devait être, car le Béarnais n'avait pas été, comme les autres princes, placé en dehors des conditions de la vie réelle, et nourri des illusions décevantes qui forment dans les palais et les cours une atmosphère souvent impénétrable à la vérité. Son esprit et son caractère s'étaient énergiquement développés au milieu des scènes imposantes d'une nature simple et grandiose. Son esprit juste et droit reconnut bien vite que dans l'art où, pratiquement, il avait appelé les hommes à le seconder, la base fondamentale de la puissance et de la prospérité de son royaume était dans l'agriculture. Son fidèle Rosny administrait ses domaines selon la méthode d'Olivier de Serres, le père de l'agriculture dont on connaît le célèbre aphorisme : « Pâtu-« rage et labourage sont les deux mamelles de « l'État. » Sous l'administration d'Henri IV la France parut réellement renée de ses cendres, et l'on est étonné des ressources créées dans l'espace de deux ou trois ans. »

« Le spectacle de la nature, disait encore M. de Tracy, dans sa mystérieuse et inépuisable fécondité, la succession de ses phénomènes qui se reproduisent avec une majestueuse régularité, tout cet ensemble offre à l'homme tant soit peu sensible et réfléchi un enseignement éminemment moral et de tous les instants. »

Il était arrivé à des résultats extraordinaires. « La terre de Paray est comme celle de Chambord, écrivait M. de Tracy, elle a sept lieues de tour. »

L'heureux propriétaire était arrivé à en quadrupler la valeur, et non seulement il s'était enrichi, il avait répandu la richesse ou tout au moins l'aisance autour de lui.

M. de Tracy savait faire de sa fortune le plus noble usage, et il était très aimé dans le pays. Lorsqu'on apprit que la vie du grand agriculteur était menacée, on accourut de dix lieues alentour. La population tout entière vint s'agenouiller devant son lit de mort, et c'est sur les bras du peuple que son cercueil fut porté à l'église et mis au tombeau.

MME VICTOR DE TRACY

MME VICTOR DE TRACY

Mme la marquise de Tracy, anglaise de naissance, vit le jour le 30 novembre 1789, à Stockport (Angleterre).

Elle s'appelait Sarah Newton, et était arrière-petite-nièce de l'illustre Newton.

Elle avait sept mois quand elle vint en France et ne la quitta plus. « Je ne sais rien, disait-elle, de mon pays paternel; je suis Anglaise : *God bless the king*. Voilà tout.

Belle et spirituelle, elle fut admise jeune encore, dans la société de la marquise de Coigny (belle-mère du général de Sébastiani), qui lui donnait comme emblème une hermine avec ces mots : *Blanche, douce et fine*. Elle avait le pied mignon et dansait à ravir. Elle avait une merveilleuse adresse des mains pour le dessin et tous les jolis ouvrages.

A vingt ans, elle fit le voyage de Plombières en compagnie de Mme de Coigny. Dans le récit qu'elle en fit plus tard, sous le titre d'*Essais*, elle raconte que Mme de Coigny était une femme spirituelle, mais à l'esprit un peu mordant. Lorsque Napoléon la rencontrait dans un salon, il ne manquait pas de dire : « Comment va la langue de Mme de Coigny ? »

La jeune fille aimait passionnément la nature, elle la sentait dans toutes ses créations. « Ce matin, dit-elle, nous sommes descendues vers un moulin, dont j'aimerais à être la meunière. L'eau est si claire, qu'elle a l'air d'être doublée de satin vert, tant elle réfléchit avec netteté les arbres qui entourent le moulin. Au bord de l'eau croissaient des champignons rouges, que Mme de Coigny prenait pour des homards, puis nous avons réfléchi que les homards ne sont rouges que lorsqu'ils ont bouilli. »

Elle avait vingt ans, lorsqu'elle épousa le colonel Le Tort, dont elle eut une fille, et qui fut tué à Ligny, la veille de Waterloo.

Elle épousa en secondes noces, M. Victor de Tracy, dont elle eut également une fille.

« Je ne puis oublier, dit M. Cuvillier-Fleury, tout ce que M. de Tracy dut à cette femme remarquable. Son salon fut l'un des plus fréquentés de l'opposition libérale sous les trois règnes. »

Elle était née dans la religion anglicane, mais elle fut attirée, dès l'enfance, par la pompe des réunions catholiques. « J'aime les croix, disait-elle, les cloches, les cierges. Quand j'avais quinze ans, je faisais des autels entourés de poupées qui étaient à la messe, et on m'appelait petite païenne. »

Après son mariage, elle parlait librement de ce qu'elle avait été : « J'ai rencontré, écrivait-elle, Mme de Castellane, que je n'avais pas vue depuis longtemps. Elle est toujours la même, et s'est montrée plus charmante que jamais. Je l'avais connue très intimement. Elle, sa cousine Mlle Scherer et moi, nous étions sans contredit les trois plus jolies filles de France. Nous avions les mêmes cheveux, plus ou moins blonds, les mêmes tailles fines, et les mêmes petits pieds. Nous allions nous promener dans les jardins des maraîchers de la rue Saint-Sébastien, pour y herboriser au milieu des choux, et chercher des papillons. Mme de Castellane n'a rien oublié de tout cela, elle se rappelle parfaitement ma mère et sa belle figure pâle, notre salon vert et mille détails qui m'ont confondue de la part d'une personne qui a tant vécu dans le grand monde et qui a vu tant de choses. Cette mémoire lui gagne mon cœur, et je veux cultiver et raviver cette amitié qui n'était qu'assoupie. »

Avec l'âge, Mme de Tracy perdit son exubérante gaieté. Elle avait vécu, souffert; elle avait élevé sa famille et marié ses enfants. « L'âge, disait-elle, n'enlève que des choses qui deviennent successivement inutiles, et qui sont remplacées par d'autres qui valent beaucoup mieux. L'âge nous donne l'expérience des sentiments meilleurs, que je préfère aux folles illusions de la jeunesse. Quant à moi, lors même que j'en aurais le pouvoir, j'aimerais mieux continuer la marche vers la fin que de revenir en arrière. »

Chateaubriand qui échangeait souvent avec elle ses idées sur ce sujet n'était pas de cet avis. Un jour qu'il avait passé solitaire et mélancolique toute la journée sous les ombrages de Champlatreux, il répondait à M. Molé qui l'interrogeait sur les causes de sa tristesse : « J'ai quarante ans. » Au contraire de Mme de Tracy, il mettait tout le prix de la vie dans les jouissances de la jeunesse.

Mais lui aussi subit l'effet du temps, et un jour qu'il se promenait avec un ami dans les jardins de la villa Pamphili, nous le voyons, dans des termes d'ailleurs magnifiques, vanter les douceurs de l'amitié succédant à l'amour. « Je fus frappé, dit-il, de la beauté merveilleuse d'un grand nombre d'arbres que je n'avais pas aperçus pendant l'été, cachés qu'ils étaient par l'épais feuillage, alors dans tout l'éclat de leur végétation, maintenant dépouillés. Humble et patiente amitié, pensais-je, c'est ainsi qu'on l'oublie aux heures splendides de la jeunesse et de l'amour, c'est ainsi que tu apparais douce et consolatrice vers le soir de la vie, quand la passion est morte et l'existence dénudée. »

Mme de Tracy écrivait toutes ses pensées dans sa retraite de Paray.

« Quand elle arrive dans ses terres, dit-elle, c'est le repos qu'on lui ordonne. »

En quittant Paris, il ne lui reste plus que le souffle. « Le repos ou la mort, m'a dit le médecin, j'aime mieux le repos. »

Et elle conclut ainsi : « Tout est couvert de neige, et me voici enfin dans une situation selon mon cœur, c'est-à-dire enfermée derrière un triple rempart de glaçons, de sapins verdoyants et de solitude absolue. Victor écrit d'excellentes choses sur l'agriculture, nous avons de bonnes nouvelles des enfants, *All is well.* Où peut-on être mieux qu'à Paray-le-Fresil ? »

Parlant de l'œuvre de Mme de Tracy, M. Cuvillier-Fleury déclare que si elle avait voulu être une femme « supérieure, elle aurait atteint la supériorité. Elle a préféré être une femme aimable et sérieuse ».

Sans être une femme politique, elle avait un salon qui avait été celui de son beau-père. Quand il mourut, elle y fut maîtresse, mais comme elle savait l'être, en laissant à chacun sa liberté.

Mme de Tracy passa au château de Paray l'année 1850 presque tout entière, et elle y était encore au mois d'octobre, quand la mort vint la surprendre. C'était pendant la nuit du 26 au 27 octobre. Elle était dans une excellente disposition de corps et d'esprit, et dans l'ignorance de sa fin prochaine. Voici, d'ailleurs, ce qu'elle écrivait trois jours avant sa mort, avec une complète insouciance d'esprit, à l'un de ses amis : « J'ai flâné tout l'été comme la cigale, livrée au farniente, broutant dans le potager, allant à travers champs, ne m'occupant que des bêtes dont je partageais la manière. »

Moins de trois nuits s'étaient passées. Un matin on entre dans sa chambre, elle n'a pas sonné, on était inquiet, il était tard, M. de Tracy entre le premier, elle était morte, morte sans avoir changé de place, les bras croisés sur sa poitrine, sans rien qui trahît la lutte, la convulsion ou la souffrance, morte depuis quelques heures et déjà froide.

Depuis de longues années, elle repose doucement à côté de son mari, et le passant qui s'arrête devant l'humble cimetière de Paray-le-Fresil voit s'élever l'ombre de celle qui, par son esprit délicat, fit le charme de ses amis.

Paris, novembre 1900.

FIN

Paris. — Imp. A Lemerre, 6, rue des Bergers. — o.-3685.

www.ingramcontent.com/pod-product-compliance
Lightning Source LLC
LaVergne TN
LVHW010101230826
846091LV00005B/2032

9782012941151